DATE DUE			

Patrones

por Daniel Jacobs

Consultant: Tamara Olson, Associate Professor,
Department of Mathematical Sciences,
Michigan Technical University

Libros
sombrilla
amarilla®
para lectores principiantes

Libros sombrilla amarilla are published by Red Brick Learning
7825 Telegraph Road, Bloomington, Minnesota 55438
http://www.redbricklearning.com

Editorial Director: Mary Lindeen
Senior Editor: Hollie J. Endres
Photo Researcher: Signature Design
Developer: Raindrop Publishing
Consultant: Tamara Olson, Associate Professor, Department of Mathematical Sciences,
Michigan Technical University
Conversion Assistants: Katy Kudela, Mary Bode

Library of Congress Cataloging-in-Publication Data
Jacobs, Daniel (Daniel Martin)
  Patrones / by Daniel Jacobs
      p. cm.
  ISBN 13: 978-0-7368-7340-6 (hardcover)
  ISBN 10: 0-7368-7340-6 (hardcover)
  ISBN 13: 978-0-7368-7420-5 (softcover pbk.)
  ISBN 10: 0-7368-7420-8 (softcover pbk.)
  1. Pattern perception—Juvenile literature. I. Title.
  BF294.J33 2005
  152.14'23—dc22

                                    2005015734

Adapted Translation: Gloria Ramos
Spanish Language Consultant: Anita Constantino

Photo Credits:
Cover: Jupiter Images; Title Page: Eyewire/PhotoDisc Images; Page 2: Brand X Pictures; Page
3: Banana Stock; Page 4: Brand X Pictures; Page 5: Image Source Photos; Page 6: Getty
Images, Inc.; Page 7: PhotoDisc Images; Page 8: Steve Hopkin/Taxi; Page 9: Jupiter Images;
Page 10: Digital Vision Photos; Page 11: Royalty Free/Signature Design; Page 12: PhotoDisc
Images; Page 13: Sergio Pitamitz/Corbis; Page 14: Image Ideas; Page 15: Banana Stock

1 2 3 4 5 6 11 10 09 08 07 06

Contenido

Encontrando patrones

¿Cómo puedes describir a este pez?
Es posible hablar del **patrón** que ves.
Hablarías de las lindas rayas que tiene
el pez.

Los patrones se forman con rayas o formas repetidas en una manera organizada.
La manera en que se repiten los colores también puede ser parte de un patrón.

Explorando patrones

Los científicos, los albañiles y los artistas usan matemáticas cuando exploran patrones. ¿Cómo puedes usar números y figuras para describir este patrón?

¿Qué clase de patrón ves en esta foto? En nuestro mundo hay muchos patrones diferentes. ¡Prepárate para encontrar más!

Dando vueltas

Algunos patrones tienen **espirales**. Una vez un animalito vivió dentro de esta concha. El animalito construyó esta forma espiral. A medida que iba creciendo, el animalito construyó "cuartos" nuevos y más grandes en que vivir. De esta manera creó la espiral.

Para subir estas escaleras tienes que dar muchas vueltas. ¿Cómo se parecen las escaleras a la concha? ¿Qué patrón ves?

Manchas y puntos

Muchos patrones tienen manchas o puntos.

Estas mariquitas tienen manchas negras.

A mucha gente le gusta jugar al **dominó**.
Para jugar hay que encontrar patrones
iguales. Los jugadores cuentan los puntos
en la ficha y emparejan los lados iguales.

¿Cuántos lados?

Las abejas hacen cuartitos de cera.
Mantienen su miel dentro de cada
cuartito. Esto es un **panal**. Cuenta los
lados de cada cuartito. ¿Qué patrón ves?

A este patrón también se le dice panal. ¿Puedes adivinar por qué? Cada pedazo en esta **colcha** tiene seis lados.

Raya por raya

¿Qué hace que una telaraña sea tan hermosa? Es el patrón que la araña crea cuando **teje** con sus hebras de seda.

Esta artista está haciendo una alfombra.
Usa hilos de muchos colores en su
diseño. Describe el patrón que ves.

Raya por raya, color por color y figura por figura, siempre se están creando patrones nuevos. Los patrones hacen que nuestro mundo sea más interesante.

¿Qué patrones ves a tu alrededor?
¿Puedes crear nuevos patrones?

Glosario

colcha un cobija hecha de pedacitos de tela

dominó un juego de mesa donde se emparejan los puntos, en un lado, de dos o más fichas

espiral una figura que tiene una curva que da vueltas

mariquita un tipo de escarabajo reconocido por su color rojo y sus puntos negros

panal cuartito de seis lados construido por las abejas para almacenar su miel, o un patrón que sigue el mismo diseño

patrón colores, líneas, figuras o números que se repiten de una manera organizada

tejer juntando hilos diferentes de tal manera que se crea una red, una tela o una alfombra

Índice

Word Count: 327
Guided Reading Level: J